DER KOMPARATIVE KOSTENVORTEIL

Ricardos Gründe für Spezialisierung

Verfasst von Jean-Blaise Mimbang
In Zusammenarbeit mit Dominique Chariot
Übersetzt von Mareike Lobeck

Business 50MINUTEN.de

DER KOMPARATIVE KOSTENVORTEIL

Ricardos Gründe für Spezialisierung

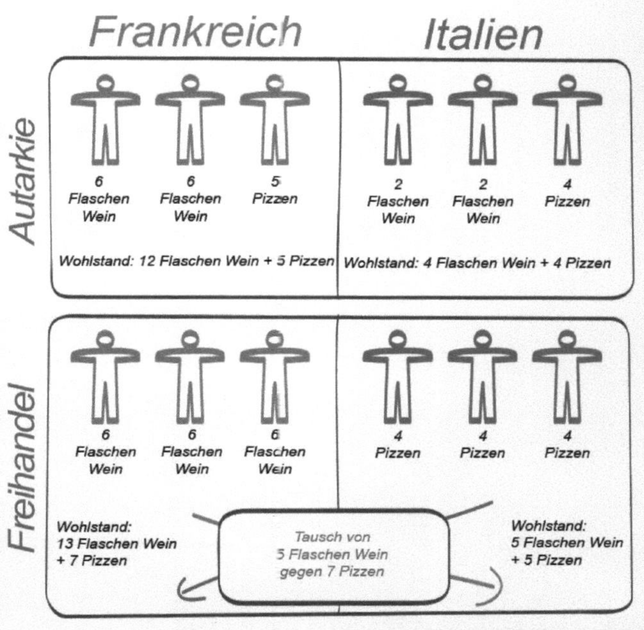

DER KOMPARATIVE KOSTENVORTEIL

SCHLÜSSELINFORMATIONEN

- **Bezeichnung:** komparativer Kostenvorteil
- **Anwendungsbereiche:** rechtfertigt Außenhandel, die Auslagerung von Unternehmenstätigkeiten, Arbeitsteilung, Spezialisierung und Warenaustausch
- **Warum ist es so gut?** Die Theorie erweitert und korrigiert die Theorie des absoluten Kostenvorteils von Adam Smith (schottischer Wirtschaftswissenschaftler, 1723-1790) und belegt, dass Spezialisierung und Handel für beide Seiten vorteilhaft sind und zu Wohlstand führen. Sie weist außerdem Möglichkeiten für mehr Effizienz und Produktivität auf.
- **Schlüsselwörter:**
  - Opportunitätskosten: entgangene Erlöse für eine Ware, wenn stattdessen eine andere Ware produziert wird

- Absoluter Kostenvorteil: Vorteil des Produzenten, der das gleiche Produkt zu einer höheren Rendite als ein anderer Produzent fertigen kann
- Komparativer Kostenvorteil: Vorteil eines Produzenten, der im Vergleich zu einem Land, einem Unternehmen oder einem Haushalt (d. h. Einzelpersonen, die ihre Dienste für ein bestimmtes Gehalt anbieten) niedrigere Produktionskosten hat
- Spezialisierung: Konzentration auf die Produktion einer bestimmten Ware anstelle von anderen
- Faktorausstattung: Ressourcen, über die ein Land verfügt
- Märkte: effizient organisierte Struktur der wirtschaftlichen Aktivitäten, in der Haushalte und Unternehmen ihre Ressourcen frei einsetzen können
- Handel: Austausch von Waren für Waren

EINLEITUNG

Spezialisierung und Freihandel werden in der heutigen Weltwirtschaft als normal angesehen. Um jedoch die Beweggründe hinter den

Interaktionen der Wirtschaftsakteure besser zu verstehen, sollte betrachtet werden, wie dieser Austausch eigentlich entsteht.

Hintergrund

Der englische Wirtschaftswissenschaftler David Ricardo (1772-1823) schrieb sein Werk *On the Principles of Political Economy and Taxation*[1] 1817 in einer wirtschaftlich und gesellschaftlich schwierigen Zeit, die von den sogenannten Corn Laws überschattet wurde. Diese Gesetze verboten im England des frühen bis mittleren 19. Jahrhunderts den Import von Weizen und führten zu einem Konflikt zwischen Großgrundbesitzern und intellektuellem Bürgertum. In seinem Werk stellte Ricardo sein Gesetz zum komparativen Kostenvorteil vor.

GUT ZU WISSEN: DIE CORN LAWS

Die Anti-Corn Law League vertrat die Meinung, dass das Gesetz negative

---

1. Auf Deutsch unter anderem erschienen als: *Über die Grundsätze der Politischen Ökonomie und der Besteuerung.* Aus dem Englischen von Gerhard Bondi. Hrsg. von Heinz D. Kurz und Christian Gehrke. Metropolis-Verlag: Marburg 2006.

Auswirkungen auf die englische Wirtschaft haben würde, namentlich durch einen Anstieg der Lebensmittelpreise und einen entsprechend befürchteten Bevölkerungsrückgang.

Definition

Ricardo zufolge sollte ein Land, das mehrere absolute Kostenvorteile besitzt, sich in einer Branche spezialisieren, die relativ gesehen den größten Vorteil bietet. Ein Land wiederum, das keinen absoluten Vorteil besitzt, sollte sich auf einen Bereich konzentrieren, der nur relativ geringe Nachteile aufweist. Das Gesetz des komparativen Vorteils erklärt, wie Handel dabei für alle Beteiligten von Vorteil sein kann.

DER KOMPARATIVE KOSTENVORTEIL IN DER THEORIE

OPPORTUNITÄTSKOSTEN

Ricardos Definition des komparativen Kostenvorteils führt zum Konzept der Opportunitätskosten. Diese umfassen, was man bereit ist für den Erwerb einer bestimmten Ware zu investieren. Die folgenden beiden Beispiele veranschaulichen dies:

- Kinobesuch: Die Kosten für einen Kinobesuch umfassen die Kosten für die Eintrittskarte, die Anreisezeit zum Kino und die Filmdauer. Die Opportunitätskosten für die Zeit hängen davon ab, was man gemacht hätte, wenn man nicht ins Kino gegangen wäre. Wäre man zuhause geblieben um fernzusehen, wären diese Kosten gering. Wäre man hingegen zwei Stunden lang einer bezahlten Tätigkeit nachgegangen anstatt ins Kino zu gehen, entsprächen die Opportunitätskosten des Kinobesuchs dem Geld, das man ansonsten verdient hätte und nun mit der bewussten Entscheidung ins Kino zu gehen, ausgeschlagen hat.

- Universitätsstudium: Studenten müssen potenzielle Studienkosten sowie alle Kosten für Bücher, Unterkunft und Verpflegung tragen. Entscheidet man sich zu studieren, anstatt einer bezahlten Arbeit nachzugehen, entsprechen die Opportunitätskosten des Studiums dem Geld, das man ansonsten verdient hätte und durch das Studieren ausgeschlagen hat, sowie den Kosten, die durch das Studium selbst entstehen.

Der Unterschied zwischen den von den verschiedenen Wirtschaftsakteuren getragenen Opportunitätskosten gibt den komparativen Kostenvorteil an.

GUT ZU WISSEN:
OPPORTUNITÄTSKOSTEN

Der Wirtschaftsakteur mit den niedrigsten Opportunitätskosten für ein bestimmtes Gut hält einen komparativen Kostenvorteil bei der Produktion dieses Guts. Der

Produzent, der von einem komparativen Kostenvorteil bei der Produktion eines Gutes profitiert, produziert dieses und handelt es mit dem Rest der Welt.

Im Allgemeinen stellen Märkte den besten Weg für die Organisation von Handel in einem Wirtschaftssystem dar. Wenn in Situationen mit vollkommenem Wettbewerb Unternehmen ihren Profit und Haushalte ihren Nutzen maximieren, wirkt sich Spezialisierung dank des Handels auf alle positiv aus. Handel entsteht durch die Notwendigkeit von internationaler Arbeitsteilung, da weder eine Einzelperson noch ein Land alle Güter und Dienstleistungen selbst produzieren kann, die es benötigt. Handel ermöglicht den Wirtschaftsakteuren:

- sich in dem zu spezialisieren, was sie am besten können
- das Verteilungsproblem zu lösen
- eine größere Vielfalt an Produkten und Dienstleistungen zu einem niedrigeren Preis zu schaffen
- den allgemeinen Wohlstand durch Spezialisierung zu verbessern

- aufgrund des internationalen Wettbewerbs effizienter zu sein
- Skalenerträge zu erwirtschaften

Die unsichtbare Hand – aus Eigeninteresse getätigte Handlungen, die dennoch dem Allgemeinwohl dienen können – lenkt über die Preise die Wirtschaftstätigkeiten auf den Märkten. Die Preise stellen dabei sowohl den Wert der Güter dar als auch deren Produktionskosten.

Allgemeine Beobachtungen zeigen, dass Einzelpersonen, Unternehmen und Länder zur Deckung ihres Bedarfs Tauschhandel mit anderen betreiben, anstatt zu versuchen, autonom und autark zu sein. Da dies zur allgemeinen Bereicherung führt, wird die gegenseitige wirtschaftliche Abhängigkeit so zur Norm.

DIE THEORIE DES KOMPARATIVEN KOSTENVORTEILS IN DER WIRTSCHAFTSGESCHICHTE

Aufgrund der begrenzten Transport- und Produktionsmittel stellt sich die Frage nach internationalem Handel vor dem 18. Jahrhundert kaum. Zwischen dem 16. und 17. Jahrhundert teilt sich die vorklassische Wirtschaftstheorie in zwei Strömungen: den Merkantilismus und die Physiokratie. Der Handel zwischen zwei Wirtschaftsakteuren wird zu dieser Zeit als Nullsummenspiel betrachtet, bei dem der Gewinn des einen den Verlust des anderen bedeutet.

Der Begriff **Physiokratie** leitet sich aus dem Griechischen ab und bedeutet so viel wie „Herrschaft der Natur". Diese ökomische Schule wurde von dem französischen Ökonomen und Arzt François Quesnay (1694-1774) im 18. Jahrhundert begründet. Im Gegensatz zu der im Merkantilismus vertretenen Meinung hat der Staat den Physiokraten zufolge nicht in die Wirtschaft einzugreifen. So entstand auch der bekannte Ausspruch des französischen Ökonomen Vincent de Gournay (1712-1759) „laissez faire, laissez passer" („Lassen Sie machen und lassen Sie geschehen"). Das Eingreifen durch den Staat ist nicht notwendig, da die Wirtschaft von allein bestimmten Gesetzen folgt, ganz wie die Physik. Damit alle Wirtschaftsakteure tatsächlich gleiche Voraussetzungen haben, spricht sich die physiokratische Schule für die Aufhebung von Handelsbarrieren und eine Liberalisierung des Handels aus.

Die industrielle Revolution ermöglicht, über den eigenen Bedarf hinaus zu produzieren. Die zusätzlichen Produkte werden als Tauschmittel gegen andere Produkte aus der ganzen Welt eingesetzt. Zwar beseht im merkantilistischen Modell nicht mehr das Problem des Exports, jedoch stellt sich nun die Frage, ob man Importe begrenzen sollte. Adam Smith befasst sich damit in seinem Werk *An Inquiry into the Nature and Causes of the Wealth of Nations*[1] (1776), in dem er die Theorie des absoluten Kostenvorteils aufstellt. Diese Theorie besagt, dass ein Land sich auf die Produktion desjenigen Gutes spezialisieren sollte, wofür es einen absoluten Kostenvorteil hält (im internationalen Vergleich geringere Produktionskosten für ein Gut), um es gegen andere Güter einzutauschen. Dies rechtfertigt den (internationalen) Handel, da die Gesamtproduktion, die Einnahmen und der Lebensstandard durch die Spezialisierung steigen.

Smiths Gesetz des absoluten Kostenvorteils wirft jedoch eine essentielle Frage auf: Was passiert mit den Ländern, Unternehmen oder Haushalten, die über keinen absoluten

---

1. Auf Deutsch unter anderem erschienen als: *Der Wohlstand der Nationen. Eine Untersuchung seiner Natur und seiner Ursachen.* Aus dem Englischen von Horst Claus Recktenwald. Hrsg. und gekürzt von Georg von Wallwitz. dtv: München 2018.

Kostenvorteil bei der Produktion verfügen? David Ricardo beantwortet dies mit seinem Prinzip des komparativen Kostenvorteils und folgt dabei der klassischen Wirtschaftstheorie.

Der englische Ökonom John Stuart Mill (1806-1873) ergänzt Ricardos Gesetz des komparativen Kostenvorteils. In seinem Werk *The Principles of Political Economy*[2] (1848) beschäftigt er sich mit der Gewinnverteilung beim Handel. Ihm zufolge verdient das Land am meisten, das die Produkte mit der stärksten Nachfrage produziert.

Ein Hauptkritikpunkt an Ricardos Theorie bezieht sich auf die Entstehung des komparativen Kostenvorteils. Zu diesem Punkt entsteht in der ersten Hälfte des 20. Jahrhunderts das Konzept der Faktorausstattung, mit dem die neoklassischen Ökonomen nachweisen, dass Ressourcen bzw. Produktionsfaktoren (Boden, technisches Kapital und Arbeit) ungleich über die verschiedenen Länder verteilt sind. Auf diesem Gedanken aufbauend entwickeln die Ökonomen

---

2. Auf Deutsch unter anderem erschienen als: *Grundsätze der politischen Ökonomie*. In fünf Bänden. Metropolis-Verlag: Marburg 2016.

Eli Hecksher (1879-1952), Bertil Ohlin (1899-1979) und Paul Samuelson (1915-2009) ein nach ihnen benanntes Theorem. Demzufolge sollte sich jedes Land auf die Produktion der Güter spezialisieren, über deren Faktoren das Land im Überfluss verfügt.

Dem amerikanischen Ökonom Raymond Vernon (1913-1999) reichen Ricardos Theorie des komparativen Kostenvorteils und das ergänzende Hecksher-Ohlin-Samuelson-Theorem jedoch nicht aus, sodass er seine eigene Theorie des Produktlebenszyklus entwickelt. Diese gehört zu den neotechnologischen Theorieansätzen, die den komparativen Kostenvorteil anhand des technologischen Fortschritts erklären.

RICARDOS MODELL DES KOMPARATIVEN KOSTENVORTEILS

Ricardos Gesetz des komparativen Kostenvorteils liegen die folgenden Hypothesen zugrunde:

- Die Wirtschaftsakteure können sich frei für oder gegen Handel entscheiden.
- Die Produktionsfaktoren auf internationaler Ebene sind unveränderlich, innerhalb eines Landes besteht jedoch vollkommene Mobilität der Produktionsfaktoren.
- Zwischen den Ländern bestehen Produktivitätsunterschiede (Produktionstechnik).
- In jedem Land werden die Produktionsfaktoren voll ausgenutzt (keine Arbeitslosigkeit).
- Die Länder sind gleich groß.

Ricardo zufolge ist Handel vorteilhaft, wenn sich jeder Akteur auf die Produktion des Gutes spezialisiert, für das er einen komparativen Kostenvorteil bzw. den geringsten komparativen Nachteil hält.

Der Ökonom veranschaulicht dies an folgendem Beispiel:

Wein- und Tuchproduktion

	Für die Produktion benötigte Anzahl Stunden	
	1 Tonne Wein	100 Meter Tuch
Portugal	80	90
England	120	100
Relative Kosten: Portugal/England	67 %	90 %

Portugal verfügt bei beiden Produkten über einen absoluten Kostenvorteil. Relativ gesehen ist der Kostenvorteil beim Wein jedoch höher und der Nachteil der Engländer beim Tuch niedriger.

Im Folgenden wird erläutert, warum sich Portugal deswegen auf Weinproduktion und England auf Tuchproduktion spezialisieren sollte.

Portugal

- Ohne Spezialisierung würde Portugal (80 x 100)/90 = <u>88,889 Einheiten Tuch</u> produzieren.
- Bei der Spezialisierung sind 170 (90 + 80) Stunden Arbeit notwendig, um <u>2,125 Tonnen Wein</u> ((170 x 1)/80) zu produzieren. Dieses Produkt kann gegen englisches Tuch eingetauscht werden. Bei der Spezialisierung auf Tuch produzieren die Engländer <u>220 Meter</u> ((220 x 100)/100). Angenommen, 1 Tonne Wein wird gegen 100 Meter Tuch und 100 Meter Tuch gegen 1 Tonne Wein eingetauscht, so erhalten die Portugiesen durch den Tausch <u>100 Meter englisches Tuch</u>.

England

- Ohne Spezialisierung würde England (100 x 1)/120 = <u>0,833 Tonnen Wein</u> produzieren.
- Bei Spezialisierung sind 220 Stunden Arbeit not-

wendig, um <u>220 Meter Tuch</u> ((220 x 100)/100) zu produzieren. Dieses Produkt wird gegen portugiesischen Wein eingetauscht. Durch die Spezialisierung auf Weinproduktion produziert Portugal 2,125 Tonnen. England erhält durch den Tausch <u>1 Tonne portugiesischen Wein</u> für 100 Meter englisches Tuch.

Mit Spezialisierung und Handel konsumiert jedes Land schließlich die folgenden Mengen:

Portugal

- Wein: <u>1,125 Tonnen</u> (anstelle von 1 ohne Spezialisierung)
- Tuch: <u>100 Einheiten</u> (anstelle von 88,889 ohne Spezialisierung)

Spezialisierung ist für Portugal also von Vorteil.

England

- Wein: <u>1 Tonne</u> (anstelle von 0,833 ohne Spezialisierung)
- Tuch: <u>120 Einheiten</u> (anstelle von 100 ohne Spezialisierung)

Spezialisierung ist also auch für England von Vorteil.

Internationale Spezialisierung ermöglicht demnach:

- die Gesamtproduktion zu erhöhen (2,125 Tonnen Wein anstelle von 1,883; 220 Meter Tuch anstelle von 188,889). Daraus folgt, dass bei ansonsten gleichbleibenden Faktoren der Produktionsanstieg zu höheren Einnahmen und damit auch zu einem höherem Lebensstandard und höherer Kaufkraft führt.
- bei gleicher Produktionsmenge Arbeitskraft zu sparen. Für die Produktion von 2 Tonnen Wein werden 160 Arbeitsstunden anstelle von 200 benötigt ((2 x 170)/2,125) und für die Tuchproduktion 200 Stunden anstelle von 190 ((220 x 200)/200). Insgesamt werden dadurch 30 Stunden Arbeit gespart (40-10).

DER KOMPARATIVE KOSTENVORTEIL: SCHWÄCHEN UND ERGÄNZUNGEN

SCHWÄCHEN UND KRITIK

Eine übermäßige Anwendung von Ricardos Gesetz und wirtschaftliche Situationen, in denen die Anwendung nicht wirklich gerechtfertigt ist, können die durch Handel erhaltenen Kostenvorteile mindern oder gar neutralisieren. Diese Problematik kann anhand neuer Industrien, der Stellung von Entwicklungsländern auf dem internationalen Markt, ungleichen Spezialisierungen sowie des Handels mit ähnlichen Gütern veranschaulicht werden.

Problematik von neu entstehenden Industrien und auf dem internationalen Markt kaum entwickelten Ländern

Schon Adam Smith beschäftigt sich 1776 in seinem Werk *An Inquiry into the Nature and Causes of the Wealth of Nations* mit dem Problem von neu entstehenden Industrien. Smith erklärt, dass sich junge Industrien nur langsam entwickeln, wenn sie schon länger bestehenden Industrien ohne den Schutz protektionistischer Gesetze gegenüberstehen. Diese Aussage rechtfertigt vorrübergehenden Protektionismus bzw. „erzieherischen Protektionismus". So rechtfertigte beispielsweise der damalige amerikanische Präsident Ulysses Simpson Grant (1822-1885) die protektionistischen Maßnahmen der USA gegen Großbritannien mit dieser Theorie. Interessant ist jedoch, dass die Wirksamkeit solcher Maßnahmen bislang empirisch noch immer nicht belegt werden konnte.

Im heutigen Kontext der Globalisierung und internationalen Spezialisierung fällt der Begriff des „erzieherischen Protektionismus" insbesondere im Zusammenhang mit Entwicklungsländern. Wird deren Industrie nicht vorrübergehend geschützt, haben diese Länder meist keine Chance, sich im internationalen Handel durchzusetzen. Anstatt – wie Ricardos Gesetz es vorsieht – vom Handel zu profitieren, würden diese Länder aufgrund ungünstiger Handelsbedingungen schnell

Verluste einfahren. Solche wohlstandsmindernden Terms-of-Trade-Effekte entstehen, wenn die Preise für die Exportgüter langsamer steigen als die der Importgüter. Der indisch-amerikanische Ökonom Jagdish Bhagwati (geboren 1934) nennt dies „Verelendungswachstum". Länder wie Südkorea (in den 1960ern und 1970ern) und später auch China haben ihren Binnenmarkt temporär geschützt, was sich einige Entwicklungsländer gerne zum Vorbild nehmen würden.

Ungleiche Spezialisierung

John Stuart Mill vertritt die Ansicht, dass eine Spezialisierung auf die Produktion eines Guts keinen Vorteil bringt, solange diese nicht der weltweiten Nachfrage entspricht. So ist es für ein Land heutzutage beispielsweise von Vorteil, sich eher auf Produkte mit hoher Wertschöpfung zu spezialisieren, auch wenn es eigentlich schon einen komparativen Vorteil in der Landwirtschaft oder im Bergbau besitzt. Dementsprechend schöpfen einige afrikanische Länder mit ihrer Spezialisierung auf Landwirtschaft und Bergbau aufgrund der instabilen internationalen Kurse ihre Handelsvorteile noch nicht komplett aus.

Dem griechischen Ökonomen Emmanuel Arghiri (1911-2001) zufolge dient Handel zwischen entwickelten und sich erst noch entwickelnden Ländern insbesondere den wohlhabenden. Dies liegt daran, dass die Exportarbeitslast der ärmeren Länder höher ist als die der wohlhabenden. Als Beispiel diene hier der Handel zwischen China und den USA. Die USA importieren in gleicher Höhe chinesische Textilien wie China amerikanische Autos importiert (angenommen jeweils 1 Milliarde Dollar). Die von China für die Produktion dieser Textilien benötigte Zeit liegt bei angenommenen 10.000 Stunden, während die amerikanischen Autos in 6.000 Stunden produziert werden. Eine Arbeitsstunde in Amerika entspräche daher 1,66 chinesischen Arbeitsstunden. Dieses Beispiel zeigt, dass die Arbeit in einem weniger entwickelten Land unter ihrem eigentlichen Wert bewertet wird.

Handel mit ähnlichen Produkten

Einige Beobachter stellen fest, dass der internationale Handel hauptsächlich auf dem Tausch von identischen Gütern zwischen identischen Ländern beruht und nicht auf dem Tausch von Gütern aus spezialisierter Produktion.

Ricardos Theorie, nach der die verschiedenen Länder ausschließlich nach ihrem komparativen Kostenvorteil am internationalen Handel teilnehmen, ist daher umstritten. Dem amerikanischen Ökonomen und Wirtschaftsnobelpreisträger Paul Krugman (geboren 1953) zufolge basiert der internationale Handel heutzutage auf komparativen Kostenvorteilen, die nicht nur künstlich geschaffen, sondern auch willkürlich sind.

ERGÄNZUNGEN UND VERWANDTE MODELLE

Ausgehend von den Schwächen und der Kritik an Ricardos Theorie des komparativen Kostenvorteils werden mehrere ergänzende Modelle entwickelt. Dazu gehören:

- die Theorie des Verelendungswachstums (1958) von Jagdish Bhagwati, der sich für Protektionismus ausspricht
- die Theorie von protektionistischen Schutzmaßnahmen für Unternehmensgründungen
- die Theorie des ungleichen Handels von Emmanuel Aghiri, demzufolge die Exportarbeitslast in ärmeren Ländern die in wohlhabenden Ländern verrichtete Arbeit übersteigt.

DER KOMPARATIVE KOSTENVORTEIL IN DER PRAXIS

<u>**DEFINITION EINIGER SCHLÜSSELWÖRTER**</u>

- <u>Außenhandel</u>: Austausch von Produkten bzw. Dienstleistungen zwischen Ländern
- <u>Import</u>: Produkte und Dienstleistungen, die ein Land einführt
- <u>Export</u>: Produkte und Dienstleistungen, die ein Land ausführt
- <u>Weltmarktpreis</u>: Preis eines Gutes auf dem internationalen Markt
- <u>Internationale Arbeitsteilung</u>: internationale Verteilung der Spezialisierungen zwischen Einzelpersonen oder Ländern
- <u>Input</u>: Rohstoffe, die für die Produktion eines Gutes benötigt werden

ENTWICKLUNG DES AUSSENHANDELS

Seit 1945 wächst der weltweite Außenhandel beträchtlich, wobei gefertigte Produkte einen Großteil des Austauschs zwischen Ländern ausmachen. Nach dem Zweiten Weltkrieg befürworten viele Länder freien Waren- und Dienstleistungsverkehr. Diese Tendenz wird durch das Wirtschaftswachstum, technischen Fortschritt hinsichtlich der Kommunikation und die Minderung von Transportkosten unterstützt. So haben sich seit den 1960er Jahren multinationale Unternehmen stark entwickelt und zu einer Ausweitung des Handels beigetragen.

ARBEITSTEILUNG UND SPEZIALISIERUNG

Handels- und Spezialisierungsmuster lassen sich durch den komparativen Kostenvorteil erklären, der dazu führt, dass sich Einzelpersonen, Unternehmen und Länder auf die Produktion der Güter bzw. Dienstleistungen spezialisieren, die sie relativ gesehen effizienter produzieren können. Der komparative Kostenvorteil entsteht durch die Verteilung von Produktionsfaktoren und die im Laufe der Zeit erworbene Technologie.

Außenhandel entsteht aus der Notwendigkeit, Arbeit international aufzuteilen, da die Länder nicht alle Güter und Dienstleistungen, die sie benötigen, selbst produzieren können. Genauso wenig produziert eine Einzelperson selbst alle Waren und Dienstleistungen, die sie gerne hätte. So arbeitet ein Ingenieur beispielsweise für eine andere Person, die ihn für seine Arbeit entlohnt. Mit diesem Geld kann der Ingenieur dann Waren kaufen und Dienstleistungen in Anspruch neh-men, die von anderen angeboten werden. Dieses Prinzip kann ebenso auf Länder ausgeweitet werden.

Die Verteilung von Spezialisierungen zwischen den Ländern dieser Welt entspricht der interna-tionalen Arbeitsteilung.

FALLSTUDIE – DER AUTOMARKT

Zur Veranschaulichung der Vorteile gegensei-tiger wirtschaftlicher Abhängigkeiten wird im Folgenden der Automarkt betrachtet. Dabei wird die Situation eines Marktgleichgewichts bei Autarkie mit der Situation eines Marktgleichgewichts bei weltweitem Freihandel verglichen.

Der Automarkt ist ein hervorragendes Beispiel für die Vorteile des Handels, da mehrere Länder dieser Welt Autos herstellen und der Autoexport einen beträchtlichen Teil des Außenhandels ausmacht.

Marktgleichgewicht bei Autarkie

Es wird angenommen, dass ein von der Welt abgeschottetes Land Autos produziert und die Bewohner Autos weder importieren noch exportieren dürfen. Der Automarkt dieses Landes besteht daher ausschließlich aus heimischen Autoanbietern und -käufern.

Die folgende Abbildung stellt diese Situation grafisch dar:

Marktgleichgewicht bei Autarkie

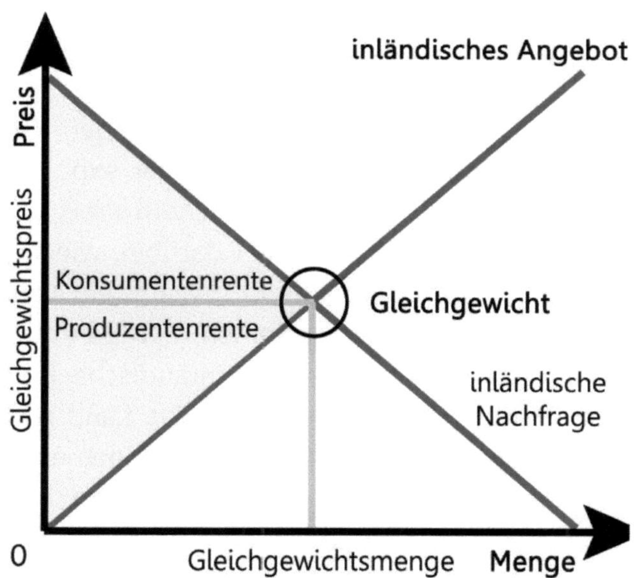

Ergebnisse:

- Der inländische Preis passt sich soweit an, bis Angebot und Nachfrage in diesem Land im Gleichgewicht sind.
- Die Summe der Konsumenten- und Produzentenrente gibt den allgemeinen wirtschaftlichen Wohlstand wieder, von

dem Verkäufer und Käufer dank des Handels profitieren.

Marktgleichgewicht bei Freihandel

Öffnet sich ein Land für den Außenhandel, wird es Autos entweder importieren oder exportieren. Der Vergleich von inländischem Preis und Weltmarktpreis gibt Auskunft darüber, wie sich der Freihandel auswirken wird. Wenn ein Land bei der Autoproduktion einen komparativen Preisvorteil besitzt, liegt der inländische Preis unter dem Weltmarktpreis und das Land wird zum Autoexporteur. Hat das Land jedoch einen relativen Nachteil bei der Autoproduktion, liegt der inländische Preis über dem Weltmarktpreis und das Land wird zum Autoimporteur.

Fall 1 – Das Land wird zum Autoexporteur

In diesem Fall passt das Land seine Verkaufspreise an den Weltmarktpreis an.

Die folgende Abbildung stellt diese Situation grafisch dar:

Autos exportierende Länder

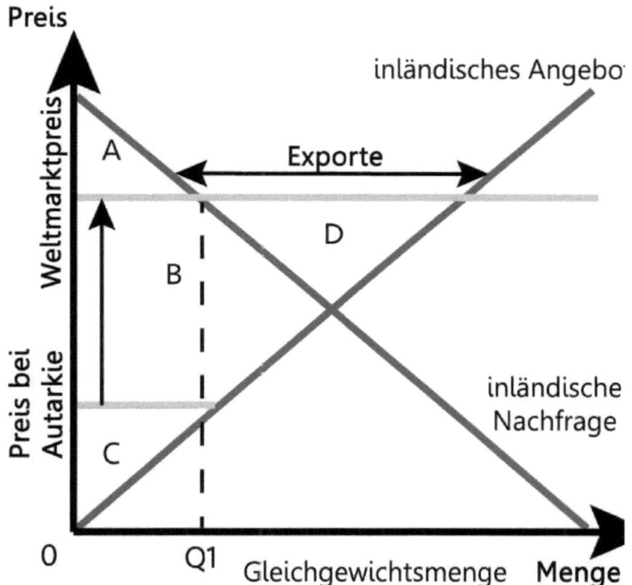

Beobachtungen:

- Die Grafik zeigt, dass der inländische Preis unter dem Weltmarktpreis liegt.
- Der Freihandel lässt den inländischen Preis ansteigen, da sich dieser an den Weltmarktpreis anpasst.
- Die inländische Nachfrage ist geringer als das

inländische Angebot, weswegen das Land den Produktionsüberschuss exportiert.

Veränderungen des Überschusses

	Bei Autarkie	Außenhandel	Veränderun
Konsumentenrente	A + B	A	- B
Produzentenrente	C	B + C + D	+ (B+D)
Gesamtrente	A + B + C	A + B + C + D	+ D

Veränderung = Rente bei Außenhandel – Rente bei Autarkie

Ergebnisse:

• Die inländischen Autoproduzenten sind zufrieden, da sie ihre Produkte zu einem höheren Preis verkaufen.

- Die inländischen Verbraucher sind weniger zufrieden, da sie nun einen höheren Preis für ein Auto zahlen müssen.
- Der Verlust der Verbraucher ist geringer als der Gewinn der Produzenten.
- Insgesamt steigert der Außenhandel den wirtschaftlichen Wohlstand des Landes. Dies entspricht dem Bereich D in der Abbildung.

Fall 2 - Das Land wird zum Autoimporteur

In diesem Fall kauft das Land Autos zu dem auf dem Weltmarkt festgelegten Preis.

Die folgende Abbildung stellt diese Situation grafisch dar:

Autos importierende Länder

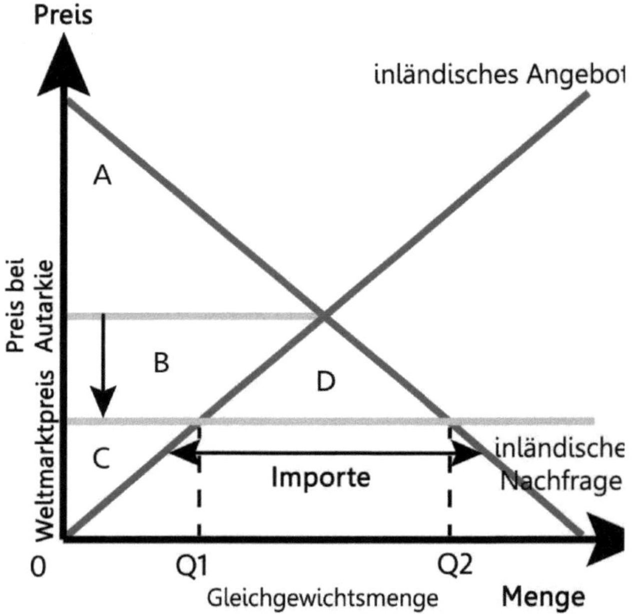

Beobachtungen:

- Die Grafik zeigt, dass der inländische Preis über dem Weltmarktpreis liegt.
- Der Freihandel senkt den inländischen Preis, da sich dieser an den Weltmarktpreis anpasst.
- Die inländische Nachfrage zum Weltmarktpreis ist höher als zum inländischen Preis. Das Land

importiert die Differenz.

Gewinne und Verluste für importierende Länder

	Bei Autarkie	Außenhandel	Veränderun
Konsumen-tenrente	A	A + B + D	+(B + D)
Produzen-tenrente	B + C	C	- B
Gesamtrente	A + B + C	A + B + C + D	+ D

Veränderung = Rente bei Außenhandel – Rente bei Autarkie

Ergebnisse:

- Die inländischen Autoproduzenten sind weniger zufrieden, weil sie ihre Autos nun zu einem niedrigeren Preis verkaufen müssen.
- Die inländischen Verbraucher sind zufrieden, weil sie Autos zu einem niedrigeren Preis kau-

fen können.

- Die Verluste der Produzenten sind niedriger als die Gewinne der Verbraucher.
- Insgesamt erhöht der Außenhandel den wirtschaftlichen Wohlstand des Landes. Dies entspricht dem Bereich D in der Abbildung.

VORTEILE DES WARENAUSTAUSCHS

Die positiven Auswirkungen der gegenseitigen wirtschaftlichen Abhängigkeit sind also nicht zu bestreiten. Außenhandel bietet den Verbrauchern eine größere Auswahl an Waren und Dienstleistungen als der Handel innerhalb einer autarken Wirtschaft. Der Wunsch nach Vielfalt bringt auch Gewinne mit sich, die sich durch eine steigende Kaufkraft bemerkbar machen. Produzenten profitieren bei Außenhandel von zusätzlichen Absatzmöglichkeiten, niedrigeren Kosten beim Rohstofferwerb, Skaleneffekten und Technologietransfers. Diese Schlüsse zog schon Adam Smith in *An Inquiry into the Nature and Causes of the Wealth of Nations*.

ZUSAMMENGEFASST

- Das Gesetz des komparativen Kostenvorteils wurde 1817 von dem englischen Ökonomen David Ricardo aufgestellt. Damit wollte er zeigen, dass Freihandel für alle Wirtschaftsakteure von Vorteil ist. Jede Einzelperson, jedes Unternehmen und jedes Land profitieren daher davon, sich auf die Produktion der Sache zu spezialisieren, die sie/es im Vergleich zu ihren/seinen Handelspartnern am besten produzieren kann bzw. wo der Nachteil relativ gesehen am geringsten ist.

- Ricardos Prinzip entsteht in der wirtschaftlich wie gesellschaftlich schwierigen Zeit der Corn Laws, als Reaktion auf Adam Smiths Theorie des absoluten Kostenvorteils. Hierbei wurde die Frage aufgeworfen, wie Länder Handel treiben, die bei der Produktion keiner ihrer Waren über einen absoluten Kostenvorteil verfügen.

- Ricardos Theorie wurde von mehreren Ökonomen ergänzt. Wichtige Beiträge sind dabei die des Ökonomen John Stuart

Mill (der sich mit der Gewinnverteilung im Handel beschäftigte), die der Ökonomen Eli Hecksher, Bertil Ohlin und Paul Samuelson in ihrem Ohlin-Hecksher-Samuelson-Theorem (das besagt, dass sich jedes Land auf die Produktion der Güter spezialisieren sollte, über deren Rohstoffe es im Übermaß verfügt) und die etwas aktuelleren des Ökonomen Raymond Vernon mit seiner Theorie zum Produktlebenszyklus (der zufolge der komparative Kostenvorteil aus technischem Fortschritt heraus entsteht).

- Ein mögliches Anwendungsgebiet des komparativen Kostenvorteils ist der Außenhandel. Die gegenseitige wirtschaftliche Abhängigkeit der Akteure zeigt deutliche Vorteile auf. Die Öffnung eines Landes zum Außenhandel führt unabhängig von seiner nationalen Wettbewerbsfähigkeit zu Gewinnen. So ist Freihandel auch eins der entscheidenden Argumente der Globalisierungstheoretiker. Sowohl die Lehre internationaler Wirtschaft als auch die Welthandelsorganisation (WHO) stützen sich grundlegend auf dieses Konzept.

- Die impliziten und expliziten Hypothesen von Ricardos Theorie sowie eine unangemessene Anwendung derselben können dazu führen, dass die beschriebenen Vorteile des Handels nicht immer zutage treten. Bei neu entstehenden Industrien kann ein zeitweiser Protektionismus durchaus berechtigt sein. Zudem ist es wenig sinnvoll, sich auf die Produktion eines Guts zu spezialisieren, wenn auf dem Weltmarkt keine Nachfrage dafür besteht. Schließlich beruht der weltweite Außenhandel heutzutage auf künstlichen bzw. willkürlichen komparativen Kostenvorteilen.

* Die Schwächen von Ricardos Modell haben zu einigen Ergänzungen und Alternativmodellen geführt. Dazu gehören die Theorie des Verelendungswachstums von Jagdish Bhagwati (Protektionismus befürwortende Theorie), die Theorie protektionistischer Schutzmaßnahmen und die Theorie des ungleichen Handels von Emmanuel Aghiri (die besagt, dass bei Freihandel der Produktionsarbeit in ärmeren Ländern nicht ihr eigentlicher Wert zugesprochen wird).

* Zusammenfassend eignet sich Ricardos Theorie des komparativen Kostenvorteils zwar hervorragend zur Erklärung und Rechtfertigung des Freihandels, in manchen Fällen sollten

aber die entstehenden Gewinne und Verluste gegeneinander abgewogen werden.

Ihre Meinung ist uns wichtig!
Hinterlassen Sie doch einen Kommentar auf der
Seite unserer Online-Buchhandlung
und teilen Sie Ihre Favoriten in den sozialen
Netzwerken!

DARÜBER HINAUS

LITERATURVERZEICHNIS

- Alda, Jacques: *La mondialisation de l'économie.* La Découverte: Paris 1996.

- Bénichi, Régis: *Histoire de la mondialisation.* Vuibert: Paris 2008.

- David, René: *L'arbitrage dans le commerce international.* Economica: Paris 1982.

- *Denant-Boemont, Laurent*: „Paul Samuelson, HOS et l'hyperspécialisation des économistes". *Expeconomics.* Blogeintrag (auf Französisch). (18.12.2009). http://expeconomics.blogspot.fr/2009/12/paul-samuelson-hos-et.html (19.09.2018).

- Dunkel, Arthur: „Tour d'horizon de l'évolution du commerce international et du système commercial. Rapport annuel du directeur général." *GATT*: Genf 1993.

- Forti, Augusto: *Aux origines de l'Occident. Machines, bourgeoisie et capitalisme.* Reihe: „Sciences, histoire et société". PUF: Paris 2011.

- Greau, Jean-Luc: *La trahison des économistes.* Reihe: „Le Débat". Gallimard: Paris 2008.

- Kym, Anderson: *Évolution des avantages comparatifs en Chine. Effets sur les marchés de l'alimentation humaine et animale et des fibres.* OCDE: Paris 1990.

- *Le portail de l'Économie, des Finances, de l'Action et des Comptes publics*: „Les physiocrates. Laisser faire et laisser passer". economie.gouv.fr. Portal der französischen Finanz- und Wirtschaftsministerien (auf Französisch). http://www.economie.gouv.fr/facileco/physiocrates (19.09.2018).

- Montousse, Marc: *Analyse économique et historique des sociétés contemporaines.* Bréal: Paris 2007.

- Rainelli, Michel: *Le commerce international.* Reihe: „Repères". La Découverte: Paris 2009.

- Ricardo, David: *Über die Grundsätze der Politischen Ökonomie und der Besteuerung.* Aus dem Englischen von Gerhard Bondi. Hrsg. von Heinz D. Kurz und Christian Gehrke. Metropolis-Verlag: Marburg 2006.

- Seite der Welthandelsorganisation (auf Englisch). https://www.wto.org/index.htm (19.09.2018).

- Stiglitz, Joseph; Walsh, Carl E.: *Mikroökonomie. Band 1 zur Volkswirtschaftslehre.* Oldenbourg: München 2010.

- Trappeniers, Felix: *Les avantages comparatifs dans le marché commun européen.* Nauwelaerts: Löwen 1967.

WEITERFÜHRENDE LITERATUR

- Krugman, Paul R.; Obstfeld, Maurice; Melitz, Marc J.: *Internationale Wirtschaft. Theorie und Politik der Außenwirtschaft.* Pearson Studium: München 2006.

- Mill, John Stuart: *Grundsätze der politischen Ökonomie. In fünf Bänden.* Metropolis-Verlag: Marburg 2016.

- Smith, Adam: *Der Wohlstand der Nationen. Eine Untersuchung seiner Natur und seiner Ursachen.* Aus dem Englischen von Horst Claus Recktenwald. Hrsg. und gekürzt von Georg von Wallwitz. dtv: München 2018.

MEHR AUF 50MINUTEN.DE

- Makki, Layal: Der Produktlebenszyklus. Für eine wirkungsvolle Marketingstrategie. Aus dem Französischen von Mareike Lobeck. Plurilingua Publishing: Brüssel 2018.

SCHMÖKERN SIE SICH SCHLAU!

www.50Minuten.de

www.50Minuten.de

ISBN digitale Ausgabe: 9782808009942

ISBN gedruckte Ausgabe: 9782808012386

Pflichtexemplar: D/2018/12603/373

Cover: © Plurilingua

Digitale Aufbereitung: Primento, der digitale Partner der Herausgeber